BEI GRIN MACHT SICH IHR WISSEN BEZAHLT

- Wir veröffentlichen Ihre Hausarbeit,
  Bachelor- und Masterarbeit

- Ihr eigenes eBook und Buch -
  weltweit in allen wichtigen Shops

- Verdienen Sie an jedem Verkauf

Jetzt bei www.GRIN.com hochladen
und kostenlos publizieren

Bibliografische Information der Deutschen Nationalbibliothek:

Die Deutsche Bibliothek verzeichnet diese Publikation in der Deutschen National-
bibliografie; detaillierte bibliografische Daten sind im Internet über http://dnb.d-
nb.de/ abrufbar.

Impressum:

Copyright © 2010 GRIN Verlag, Open Publishing GmbH
Druck und Bindung: Books on Demand GmbH, Norderstedt Germany
ISBN: 9783668395855

Dieses Buch bei GRIN:

http://www.grin.com/de/e-book/353345/side-channel-attacks-auf-den-advanced-
encryption-standard-aes

Peter Hillmann

Side Channel Attacks auf den Advanced Encryption Standard (AES)

GRIN Verlag

Inhaltsverzeichnis

1 Seitenkanalangriffe Einführung

Seitenkanalangriffe bezeichnen kryptoanalytische Methoden, bei der die Eigenheiten einer speziellen Implementierung eines Kryptosystems in einem Gerät bzw. in einer Software ausgenutzt werden. Das grundlegende Prinzip besteht darin, durch Beobachtung des kryptografischen Systems bei der Ausführung des Kryptoalgorithmus Informationen zu gewinnen. Dies kann zum Beispiel durch Analyse von Laufzeiten des Verfahrens bei unterschiedlichen Eingaben, den Energieverbrauch des Prozessors während der Berechnung oder der elektromagnetischen Ausstrahlung geschehen. Weitere Möglichkeiten werden im Abschnitt 2 beschrieben. Mit Korrelation über den beobachteten Daten und den abhängigen, z.T. auch manipulierten Schlüsseln bzw. Eingaben, können Rückschlüsse hergestellt werden um letztendlich die Implementierung zu brechen. Hierbei ist zu beachten, dass nicht das kryptografische Verfahren selbst, sondern nur eine bestimmte Implementierung angegriffen wird. Das bedeutet, dass andere Systeme mit dem gleichen Algorithmus von dem Angriff unberührt bleiben können. Seitenkanalangriffe setzten ein fundamentales technisches Wissen über die internen Operationen des Kryptosystems voraus. Je nach Angriffsart dauert die Analyse unterschiedlich lang.

2 Arten von Seitenkanalangriffe

Folgende bekannte Seitenkanalangriffe werden in diesem Kapitel vorgestellt und erläutert. Die meisten Attacken sind relativ jung.

- Timing Attack
- Simple Power Analysis
- Differential Power Analyse
- Differential Fault Analyse
- Glitch Attack
- Bug Attack
- Reaktion auf falsche Eingaben
- elektromagnetische Abstrahlung
- Van-Eck-Phreaking
- Nutzung des Speichers
- Thermal Imaging Attack und akustische Analyse

2.1 Timing Attack

Paul Kocher entdeckte 1996 die so genannten Timing Attacken. Der Angreifer analysiert die benötigte Zeit für die Ausführung des Algorithmus. Das grundlegende Prinzip beruht auf der Tatsache, dass verschiedene Operationen im Prozessor unterschiedlich lange Ausführungszeiten besitzen. Entscheidend ist aber, dass gewisse Operationen keine konstante Zeit zur Berechnung benötigen. Die Verarbeitungsdauer ist von der jeweiligen Eingabe abhängig. Gründe dafür sind Performance Optimierungen, indem unnötige Operationen umgangen werden, Sprünge und bedingte Ausführungen, Speicherzugriffe und ihre Trefferquote sowie andere Prozessoreigenheiten. Dadurch können Rückschlüsse auf die Eingangsdaten erfolgen. Durch Messen der Rechenzeit für z.B. data moves in/out oder lookups[1] von der CPU/Speicher/... des implementierten Kryptoverfahrens

---

[1] Lookup-Tabelle ist eine Datenstruktur, die vorberechnete Daten einer aufwändigen Berechnung enthält.

lassen Informationsgewinnung zu.

Die Charakteristiken bei der Performance eines Kryptosystems variieren nur leicht von den Eingabedaten (Klartext bzw. Chiffretext) und vom Schlüssel. Oft können die Daten auch vom Angreifer selbst gewählt werden. Mit Hilfe von Laufzeitanalysen kann die Information jedoch stückweise rekonstruiert werden. Rauschen[2] der Signale erhöht lediglich die Anzahl der benötigten Messwerte. Allein das Wissen, wie lange der Algorithmus zur Abarbeitung benötigt, ist nutzbar für die Kryptoanalyse. Durch Messen der Zeit, wie lange es dauert Daten zu übertragen, lässt sich die Länge des Schlüssels oder anderer Informationen ermitteln. TA[3] hängen sehr stark von der Implementierung ab, deshalb ist während des Designs des Systems schon darauf zu achten. Jeder Algorithmus kann auf eine Weise umgesetzt werden, sodass keine bzw. nur sehr wenige Informationen erhaltbar sind. Es entsteht die Diskrepanz zwischen einer schnellen effektiven und einer langsamen sicheren Implementierung.

Als Beispiel für TA soll folgender Quellcode dienen:

```
Eingabe = X;
if Eingabe = 1 then
calc ( 1 + 1 );
else calc ( fakultät(1000) );
```

Bei Eingabe vom Wert 1 soll 1+1 berechnet werden, anderenfalls die Fakultät von 1000. Durch Messen der Zeit bei der Ausführung lässt sich der eingegebene Wert leicht ermitteln.

2.2 Energieverbrauch

Bei diesem Angriff wird der variierende Energieverbrauch des Systems oder Teilen davon während des Betriebes sehr fein granular gemessen, aufgezeichnet und analysiert. Das Problem besteht zunächst darin, dass moderne Geräte aus Halbleiter-Schaltungselementen bestehen, welche meist sehr klein und in einem Gehäuse verpackt sind. Um dennoch den Verbrauch zu messen, wird mit speziellen Verfahren das Gehäuse und die oberen Metallschichten abgetragen. Die frei liegenden Leitungen sind nach außen zu führen und an Widerstände anzuschließen, um über diesen den Stromverbrauch bzw. Spannungsverlauf zu messen.

---

[2] Störgröße: unspezifisches Verzerren der Originalsignale
[3] Timing Attacks

Diese Attacke basiert auf folgendem Hintergrund. Die Schaltungen bestehen aus spannungsgesteuerten Schaltern, Transistoren. Strom fließt nur durch das Transistorsubstrat, wenn eine genügend hohe Spannung am Gate anliegt. Dieser Strom fließt über Verbindungen zur nächsten Schalteinheit und interagiert somit. Dadurch werden unterschiedliche Daten mittels verschiedener Teilschaltungen verarbeitet. Dies erzeugt einen variierenden Energieverbrauch und es entstehen schwankende elektromagnetische Felder, wobei beides einfach messbar ist.

Mit guter Technik kann eine Frequenz von über 1 GHz mit einem Fehler von unter 1 Prozent genau gemessen werden. Es wird mit einer Genauigkeit von weniger als 40 µA gemessen, was um ein Vielfaches weniger ist, als im Überwachungsstandard definiert ist.

Somit kann auf die internen Prozesse und weitere Informationen geschlossen werden. Die Kombination mit anderen Kryptoanalysetechniken kann helfen, den geheimen Schlüssel zu finden.

2.2.1 Simple Power Analysis

Bei dieser Analyse ist der Energieverbrauch des Mikroprozessors während der kryptografischen Berechnungen aufzuzeichnen. Eine Aufnahme erzeugt eine Spur, eine Menge von Energieverbrauchsmessungen. Der Verbrauch variiert in Abhängigkeit von den jeweils ausgeführten Mirkobefehlen. Dies gibt Aufschluss über die Sequenz der ausgeführten Operationen, welche wiederum von den Daten abhängen. Durch Vergleich von Spuren lassen sich Rückschlüsse auf die verwendeten Daten und Schlüssel ziehen.

Eigenheiten von z.B. RSA[4] Potenzen und DES[5] Runden unterscheiden sich sehr stark und können einfach identifiziert werden. Die SPA[6] kann helfen, RSA Implementierungen zu brechen, da die Unterschiede zwischen Quadrieren und Multiplizieren deutlich zu sehen sind. Abbildung 2.1 stellt diese unterschiedlichen Charakteristiken bei der Verarbeitung bei RSA dar. Auch bei DES sind die Unterschiede von Permutationen und Shifts nachvollziehbar. Die Abbildung 2.2 zeigt gut die Unterschiede zwischen den verschiedenen Operationen, welche aber oft bei kryptografischen Algorithmen ohnehin öffentlich sind. Bei einer hochauflösenden Analyse werden auch die Disparitäten der einzelnen Runden ersichtlich.

---

[4] asymmetrisches Kryptosystem von Ronald L. Rivest, Adi Shamir und Leonard Adleman
[5] Data Encryption Standard
[6] Simple Power Analysis

Power Analyse und Timing Attacks liefern ähnliche Informationen für den Angreifer. Es ist jedoch möglich, das System so zu designen, dass diese Art von Angriffen nicht möglich sind. Wie dies geschehen kann, wird im Kapitel 3 Gegenmaßnahmen erläutert.

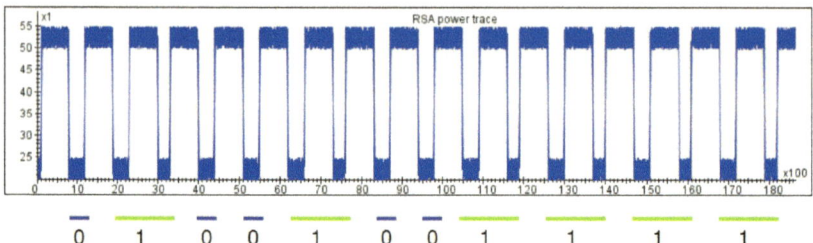

Abbildung 2.1: Die Abbildung zeigt eine Time-Power Analyse von RSA mit der Deutung von 0 und 1. Die Interpretation erfolgt nach der zeitlichen Länge. 0 steht für nur Quadrieren und 1 signalisiert Quadrieren und Multiplizieren.[7]

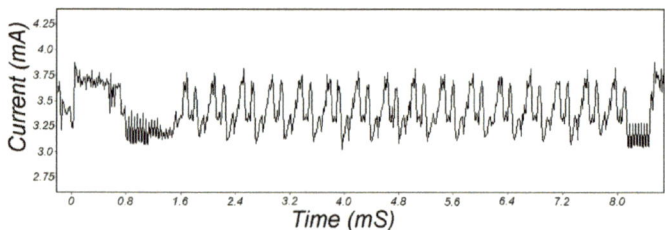

Abbildung 2.2: Die Abbildung zeigt eine SPA Attack auf DES. Die Eingangs- und Ausgangspermutation und die 16 Runden sind erkennbar.[8]

2.2.2 Differential Power Analyse

Die DPA[9] ist schwerer zu verhindern als die SPA. Zusätzlich zur visuellen Methode verwendet das Differentielle Verfahren statistische und Fehler behebende Eigenschaften. Es wird versucht das Rauschen heraus zu filtern und weitere Informationen über die internen Abläufe zu erhalten. Mit den Ergebnissen spezieller

---

[7] Quelle: Marc Witteman (2005)
[8] Quelle: Clemens Hammacher (2007)
[9] Differential Power Analyse

statischer Funktionen, angewendet auf die verrauschten Messwerte, wird mittels Korrelation nach Gemeinsamkeiten gesucht. Vergleiche mit Messungen für bekannte Werte helfen bei der Suche. Damit ist eine Automatisierung des Angriffs möglich und es sind keine Informationen zur Implementierung nötig. Bisher ist kein System bekannt, welches gegen DPA resistent ist. Somit stellt DPA den momentan stärksten Seitenkanalangriff auf kryptografische Systeme dar, wofür jedoch Ansätze von Gegenmaßnahmen existieren. Diese Schutzmöglichkeiten sind aber noch genauer zu untersuchen.

2.3 Fault Analyse

Seit 1970 werden Fault Analysen durchgeführt. Es gibt zwei verschiedene Arten. Die Simple und die Differentielle Fault Analyse, wobei die letzt genannte die bekanntere ist.

2.3.1 Simple Fault Analyse

Bei der Simple Fault Analyse wird dem System mit nur einem Angriff ein permanenter Schaden zugefügt. Dies kann Beispielsweise durch zusammenlöten von Leitungen geschehen. Ziel ist hier den geheimen symmetrischen bzw. einen gemeinsamen asymmetrischen Schlüssel zu extrahieren. Die SFA[10] ist nur gering verbreitet.

2.3.2 Differential Fault Analyse

Diese Methode dient zur Untersuchung der kryptografischen Einheit. Durch Einfügen von Fehlern in das System wird versucht den Schlüssel zu extrahieren oder Sicherheitsbestimmungen zu umgehen. Dies kann z.b. erreicht werden, durch Spannungsveränderung, Manipulation der Systemuhr, Aussetzen von Strahlung oder Erwärmung des Schaltkreises. Kenntnisse über den Aufbau des Chip sowie Wissen über die Abarbeitungsreihenfolge der Befehle sind nötig um die Position und den Zeitpunkt der Fehlerinjektion zu ahnen. Befehle können dadurch falsch interpretiert, übersprungen oder Werte in Speicherzellen geändert werden. Dabei treten die folgenden vier Effekte auf: Kein Effekt (es entsteht keine Veränderung), falsche Resultate (was ausgenutzt werden kann), keine Antwort (ein Fehler der sich bemerkbar macht) und physikalische Zerstörung.

---

[10] Simple Fault Analyse

Ein Klartext, der auch unbekannt sein darf, wird zweimal verschlüsselt. Als Erstes verschlüsselt das System die Eingangsdaten unter regulären Bedienungen. Beim zweiten Mal wird das System unter Testbedingungen beobachtet. Aus den Bitdifferenzen lassen sich Rückschlüsse ziehen.

Zur Erläuterung einer Anwendungsmöglichkeit der DFA[11] dient das folgende Beispiel. Dieser Sicherheitsalgorithmus soll umgangen werden:

Eingabe = 0;
if Eingabe = 1 then
print (You win);
else print (You lose);

Wenn im Moment der Auswertung von der if-Anweisung eine Störung in das System eindringt und die Sprunganweisung verhindert, dann wird der alternative Zweig ausgeführt. Oder durch die Einstrahlung verändert sich der Wert der Speicherzelle „Eingabe". Bei rundenbasierten Verschlüsselungsverfahren kann die Anzahl der Durchläufe vermindert werden, sodass Teilschlüssel analysierbar sind.

2.3.3 Glitch Attack

Eine spezielle Methode der DFA ist die Glitch Attack, bei der zum Kompromittieren eines Kryptoprozessors ein oder mehrere Flipflops auf einen speziellen Wert festgesetzt werden. Damit entsteht eine permanente Veränderung des Systems. Ziel ist die Unterbrechung oder Ersetzung von Maschinenbefehlen um kryptografische Barrieren zu umgehen, indem die Codeausführung verhindert wird. Zum Beispiel könnte dies zu einer Rückführung komplizierter Mehr-Runden-Chiffren auf Ein-Runden-Verfahren führen, wobei diese einfacher zu brechen sind. Durch Erhöhung von Schleifendurchläufen mögen mehr Speicherzellen ausgegeben werden als erlaubt. Glitch Attacks ermöglichen das Überspringen von Authentifizierungs-Checks. Die folgende Abbildung 2.3 zeigt die Power Analyse während einer solchen Attack. Diese Daten können zur Information dienen, welche Operationen z.B. übersprungen wurden, um anschließend einen gezielteren Angriff zu fahren oder um beispielsweise hinterher eine Attacke auf eine iterierte Chiffre mit verringerter Rundenzahl durchzuführen.

---

[11] Differential Fault Analyse

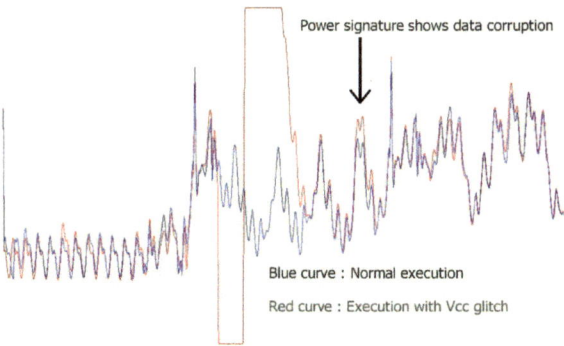

Abbildung 2.3: Das Bild zeigt eine Glitch Attack, allerdings mit der Folge einer Datenkorumption.[12]

2.3.4 Bug Attack

Durch Ausnutzen von Rechenfehlern in fehlerhaften Mikroprozessoren besteht die Möglichkeit an geheime Informationen zu gelangen. Als Beispiel dient hier der Pentium FDIV-Bug. Es tritt ein Fehler bei Division mit bestimmten Zahlen auf. Der Prozessor lieferte bei der Eingabe von z.b. 4195835 / 3145727 das falsche Ergebnis 1,33373907. Die richtige Lösung ist jedoch 1,3338204.

2.3.5 Reaktion auf falsche Eingaben

Kryptografische Implementierungen reagieren auf falsche Eingaben unterschiedlich (auch zeitlich gesehen), abhängig von der Stelle der Verarbeitung, wo der Fehler auftritt. Die Art der Reaktion liefert dem Angreifer Informationen. Früher z.B. wurden Passworteingaben Zeichen für Zeichen überprüft. Sobald eine Unstimmigkeit auftrat meldete der Computer dies dem Benutzer. Somit wusste ein Angreifer aus der Reaktionszeit des Systems, ab welcher Stelle seine Eingabe nicht mehr akzeptiert wurde. Durch dieses Systemverhalten ist ein effizienter Angriff möglich. Heutzutage sind Passwortüberprüfungen zeitkonstant.

---

[12] Quelle: The Sorcerer's Apprentice Guide to Fault Attacks (2003)

2.4 Elektromagnetische Abstrahlung

Jede Berechnung erzeugt elektromagnetische Felder, welche sich noch in einiger Entfernung messen lassen. Dies erlaubt Rückschlüsse auf die durchgeführten Operationen. Unter Umständen kann auch direkt Klartext geliefert werden. Als bekanntestes Beispiel gilt Van-Eck-Phreaking. Die Auswirkungen wurden mehrfach analysiert. TEMPEST (Backronym: z.b. „Transmitted Electro-Magnetic Pulse/Energy Standards and Testing") ist eine Untersuchung der NSA über die elektromagnetische Ausstrahlung sowie deren Einschränkung.

Die Idee von Van-Eck-Phreaking geht auf einen niederländischen Wissenschaftler im Jahre 1985 zurück. Das ist eine Methode zur elektronischen Spionage. Die ausgesendete Strahlung wird mit entsprechenden Empfangsgeräten aufgenommen, auch über größere Distanzen hinweg. Als Beispiel dient folgendes. Das Bild eines CRT[13]-Bildschirms kann der Angreifer aufnehmen, rekonstruieren und auf einen zweiten Monitor darstellen.

2.5 Nutzung des Speichers

Der genutzte Speicherbereich des Kryptoalgorithmus ist durch einen anderen Prozess zu überwachen. Auf diese Weise können die Daten ausgelesen bzw. kann auf die ausgeführten Operationen geschlossen werden. Ein erfolgreicher Angriff gegen OpenSSL nutzte den Level 1 Cache beim Hyperthreading des Pentium4.

2.6 Thermal Imaging Attack und akustische Analyse

Der fließende Strom erzeugt Hitze im Material, welches die Wärme kontinuierlich an die Umgebung abgibt. Dies wird mit Infrarotabtastung aufgenommen. Wenn der Angreifer Kenntnis darüber besitzt, an welcher Stelle des Chips welche Operationen bearbeitet werden, lässt sich auf den ausgeführten Code schließen.

Die kontinuierliche Veränderung der erzeugten Wärme bzw. der verbrauchten Energie verursacht mechanischen Stress im Material durch Ausdehnung und Zusammenziehen. Es entsteht „low level" Akustik, worüber Informationen erkennbar

---

[13] Cathode Ray Tube

sind. Am einfachsten ist die akustische Analyse, wenn Daten direkt weiter gegeben werden, so wie es früher bei den Telefontasten war.

2.7 Weitere Techniken

Es sind noch weitere Seitenkanalangriffe bekannt, wie z.B. das Beobachten aus der Ferne und das Nutzen von Reflektionen. Diese Verfahren zielen aber eher auf Spionage ab, als auf die Kryptonanalyse.

3 Gegenmaßnahmen

Die folgenden Techniken sind Vorsichtsmaßnahmen, die schon während der Erstellung des Kryptosystems zu beachten sind, um eine gegen Seitenkanalangriffe resistente Implementierung zu erhalten.

3.1 Generelle Gegenmaßnahmen

Alle ausgeführten Operationen sollten datenunabhängig in ihrem Zeitaufwand sein. Die Verschlüsselungsmethoden dürfen nur zeitkonstante Befehle, wie z.B. XOR verwenden. An dieser Stelle sei darauf hingewiesen, dass „Table lookups" unterschiedlichen Aufwand benötigen. Auch die Zeit aller Suboperationen müssen unabhängig von den Eingangsdaten (Schlüssel, Klartext und Ciphertext) sein. Dadurch können alle Timings Attacks unschädlich gemacht werden. Das Erkennen der Größe von den Eingangsdaten lässt sich jedoch oft nicht verhindern, z.B. die Länge des Schlüssels. Dies ist aber kein Problem, da diese Daten meist öffentlich bekannt bzw. standardisiert sind.

Die Implementierungen von sicherheitskritischen Codes erlauben keine bedingten Sprünge. Dadurch entstehen Charakteristiken, die durch Timing oder Energieverbrauch analysierbar sind.

3.2 Maßnahmen gegen Timing Attack

Die einfachste Möglichkeit besteht darin einen Delay einzufügen, damit alle Operationen die gleiche Zeit benötigen. Dies kann jedoch mit der Energieanalyse erkannt werden kann, da sich der Stromverbrauch ändert. Der Ablauf des Algorithmus wird durch die Verzögerung sehr stark verlangsamt, weil alle Operationen genau solange dauern müssen, wie die längste. Das Hinzufügen eines zufälligen Delays erhöht lediglich die Anzahl der zu untersuchenden Daten. Manchmal ist es auch möglich den Code umzuschreiben, sodass es eine konstante Ausführungszeit ergibt, was jedoch auch meist zu einer Verlangsamung führt.

Beispiel:

Durch zeitliche Angleichung von Multiplikation und Quadrieren kann der Angreifer nicht herausfinden, wie viele Operationen von welcher Art berechnet wurden. Dies ist dadurch zu erreichen, indem stets beide Operationen ausgeführt werden und das nicht benötigte Ergebnis einfach verfällt. Solche Berechnungen finden oft bei asymmetrischer Verschlüsselung statt.

3.3 Maßnahmen gegen Energieanalyse

Ein Mittel wäre das Hinzufügen von Dummy-Registern. Auf diesen sind unnütze Operationen auszuführen. Somit kann der Energieverbrauch angeglichen und auf einem konstanten Niveau gehalten werden. Am besten ist stets der entgegengesetzte Befehl auf den zusätzlichen Speichern zu realisieren. Der Nachteil ist ein höherer Stromverbrauch. Alle Energieanalysen werden damit verhindert.

Ein anderer Weg besteht darin, die Signalstärke zu reduzieren. Einige Operationen benötigen in Abhängigkeit von der Anzahl der Einsen im Schlüssel Energie. Konstante Befehlsausführung und Balancieren von Hamming-Gewichten tragen zur Informationsreduktion bei. Konstante Gewichtscodes wie z.b. Fredkin gates oder dual-rail encoding bieten sich ebenfalls dafür an. Operationen bei deren Verarbeitung sich keine Informationen durch den Energieverbrauch erkennen lassen, sind zu verwenden. Jedoch können mit sehr aufwendigen DPA Verfahren trotzdem Informationen gewonnen werden.

Eine nur bedingte nutzbringende Möglichkeit besteht im physikalischen Shielding, was jedoch Geld und Platz kostet.

Als weiterer Ausweg könnte durch das Ausführen von zufälligen Berechnungen ein Rauschen erzeugt werden. Um eine DPA zu verhindern, muss jedoch ein ausreichendes Spektrum entstehen. Die Praxistauglichkeit ist noch zu untersuchen. Die letzte hier vorgestellte Idee ist den Kryptoalgorithmus zu verändern. Der Schlüssel könnte zwischendurch nichtlinear verarbeitet werden, z.B. indem mit dem Hashwert des Schlüssels weitergerechnet wird, sodass keine Korrelation erstellbar ist.

3.4 Weitere Techniken als Gegenmaßnahmen

Blinding/Masking hilft beim Verhindern von Energieanalysen. Vor Exponentiation z.B. bei RSA wird auf die Eingangsdaten ein Zufallsbitstring addiert. Dadurch verschwimmt die durchschnittliche Zeit der Operation und das Hamming-Gewicht der Eingangsdaten.

Um eine Analyse über die elektromagnetische Ausstrahlung zu erschweren, kann der Chip „gescrambelt" werden. Das bedeutet, dass die einzelnen Berechnungsregionen nicht mehr lokal beieinander liegen, sondern über den ganzen Chip verteilt sind. Ideal wäre, wenn jeder Chip anders aufgebaut ist, aber dies ist praktisch nicht realisierbar.

CPUs mit Hyperthreading besitzen die Eigenschaft, dass mehrere Threads im selben Speicher liegen und Zugriff aufeinander haben. Dadurch sind mehrere Angriffe über Timing Attacks oder Auslesen von Speichern möglich. Als Problemlösung kann nur eine CPU ohne Hyperthreading genutzt werden. Die Hersteller müssen die CPUs in Zukunft sicherer bauen.

Ein softwareseitiges Eindringen sollte das Betriebssystem verhindern, sodass der Speicher nur vom Kryptomechanismus und nicht von anderen Programmen ausgelesen werden kann.

Ein weiterer Ansatz besteht darin, eine „Secure CPU" zu entwerfen, bei der es keine Referenzen über Timing und Power gibt. Dies erschwert die Analyse weiter.

Als letzte hier vorgestellte Möglichkeit bietet es sich an einen von sich aus gegen Seitenkanalangriffe sicheren Kryptoalgorithmen zu verwenden, wie z.b. Twofish und Serpent als weitere AES Finalisten, Helix und dessen Erweiterung Phelix, sowie den Tiny Encryption Algorithmus. Die letzten beiden genannten Verfahren benutzen nur XOR und Shifts.

4 Cache-Timing Attacks auf AES in OpenSSL

Der hier vorgestellte Angriff auf AES[1] ist von Daniel J. Bernstein (2005). Es wird mit einer Cache-Timing Attack gezeigt, wie der geheime Schlüssel in der OpenSSL Implementierung gewonnen werden kann. Ein Server verschlüsselt alle Netzwerkanfragen mit AES mit dem gleichen Schlüssel.

Schnelle AES Software ist mit „Table lookups" programmiert. Das dadurch entstehende Problem besteht darin, dass die benötigte Zeit einen Array Wert zu laden immer vom Index des Eintrags abhängt. Damit ist jede Implementierung von S-Boxen gegen diesen Angriff anfällig.

4.1 Spezielle Sicht auf AES

AES wurde hier mit standardisierten 10 Runden implementiert. Der Algorithmus verschlüsselt ein 128-Bit Eingabewert n mit einem 128-Bit Schlüssel k. Diese Daten sind in 2 16-Byte Feldern (X, Y) gespeichert, wobei in Feld X (k) und in Feld Y (n xor k) abgelegt ist. Des Weiteren gibt es noch zwei konstante 256-Byte Tabellen S und T, welche dann zu vier 1024-Byte Tabellen wie folgt erweitert werden. Diese Tabellen enthalten für die optimierte AES Implementierung die Zusammengefassten Rundenoperationen für „SubBytes", „ShiftRows" und „MixColumns". Diese drei Operationen sind für alle Daten und für jede Runde konstant, sodass es möglich ist sie zu einem Befehl zu kompaktieren. Die Abarbeitung der AES Verschlüsselung wird dadurch erhöht.

T0[b] = (S0[b]; S[b]; S[b]; S[b] xor S0[b]);
T1[b] = (S[b] xor S0[b]; S0[b]; S[b]; S[b]);
T2[b] = (S[b]; S[b] xor S0[b]; S0[b]; S[b]);
T3[b] = (S[b]; S[b]; S[b] xor S0[b]; S0[b]):

Zum Schluss werden die Felder X und Y wie folgt bearbeitet. Wobei die Felder als

---
[1] Advanced Encryption Standard

4 4-Byte Arrays aufgefasst werden.

Feld X:
$x0 = S[x3[1]] \text{ xor } 1 \text{ xor } x0$
$x1 = S[x3[2]] \text{ xor } x0 \text{ xor } x1$
$x2 = S[x3[3]] \text{ xor } x0 \text{ xor } x1 \text{ xor } x2$
$x3 = S[x3[0]] \text{ xor } x0 \text{ xor } x1 \text{ xor } x2 \text{ xor } x3$

Feld Y:
$y0 = T0[y0[0]] \text{ xor } T1[y1[1]] \text{ xor } T2[y2[2]] \text{ xor } T3[y3[3]] \text{ xor } x0$
$y1 = T0[y1[0]] \text{ xor } T1[y2[1]] \text{ xor } T2[y3[2]] \text{ xor } T3[y0[3]] \text{ xor } x1$
$y2 = T0[y2[0]] \text{ xor } T1[y3[1]] \text{ xor } T2[y0[2]] \text{ xor } T3[y1[3]] \text{ xor } x2$
$y3 = T0[y3[0]] \text{ xor } T1[y0[1]] \text{ xor } T2[y1[2]] \text{ xor } T3[y2[3]] \text{ xor } x3$

Nun kann der Rundendurchlauf starten.
Diese spezielle Sicht auf AES ist von Paulo Barreto [PB03] und wurde hier auch implementiert.

4.2 Angriff im Überblick

Die Grundlage für diesen Angriff ist, dass jeder „Array lookup" abhängig vom Index unterschiedlich lange dauert. Zu Beginn der AES Berechnung wird ein fester „Array lookup" auf $T0[k[0] \text{ xor } n[0]]$ beim angegriffenen Server durchgeführt. Die Zeitmessung dafür stellt einen Referenzwert für weitere Messungen dar. Das Ergebnis ist eine Funktion von Verarbeitungszyklen in Abhängigkeit vom Byte $n[0]$. Nun können Rückschlüsse auf $k[0]$ gezogen werden bzw. der Wert lässt sich sogar exakt bestimmen. Das Gleiche wird für $k[1] \text{ xor } n[1]$, $k[2] \text{ xor } n[2]$,... gemacht.

Voraussetzung dafür sind viele Beobachtungen bezüglich der Zeit die das Opfer zum Verschlüsseln aller möglichen Eingaben für das Byte $n[x]$ benötigt. Für jede Anfrage an den Server ist die Zeit zu messen. Die gemessenen Werte sind zu mitteln um das Rauschen zu unterdrücken. Ziel des Angreifers ist es durch die vielen Beobachtungen von Verschlüsselungen, die der angegriffene Server berechnet, den geheimen Schlüssel zu bestimmen. Der Angreifer kann $n[x]$ frei wählen und der verwendete Schlüssel ist der stets gleiche aber geheime. Bei einem Versuch stellt der Angreifer fest, dass der von allen am längsten dauernde „lookup" auf dem attackierten Rechner bei n[13] ist, z.b. wenn das Byte n[13] den Datenwert 147 hat. Das bedeutet, wenn n[13] = 147 ist und 147 xor k[13] berechnet wird, dann dauert es die längste Zeit, sodass die meisten Verarbeitungszyklen vergehen.

Parallel zur Attacke probiert der Angreifer mit bekannten Schlüsseln (hier k=0) auf einem weiteren Referenz-Rechner mit der gleichen Software und CPU verschiedene Kombinationen aus. Es wird noch einen Vergleichswert für die gleiche Zeitdauer wie beim Opfer gesucht. Dabei stellt der Angreifer fest, dass die benötigte Zeit am längsten ist, wenn das Byte n[13] z.b. den Datenwert 8 besitzt. Der Täter kann nun daraus schließen, dass das Schlüsselbyte k[13] vom Opfer 147 xor 8 = 155 ist! Normalerweise ist dies der Verschiebungsfaktor der beiden Rechner, da aber der Schlüssel k auf dem eigenen Test-PC mit 0 initialisiert wurde, ist der Verschiebungsfaktor gleich dem Schlüssel. Diese einfache Attacke funktionierte bei einer früheren Version von OpenSSL.

4.3 Der Angriff

Zuerst lässt sich der Angreifer viele Pakete, oft auch gleiche, auf dem eigenen PC verschlüsseln und erhält z.B. für das Eingangsbyte n[13] folgendes Ergebnis (Abbildung 4.1).

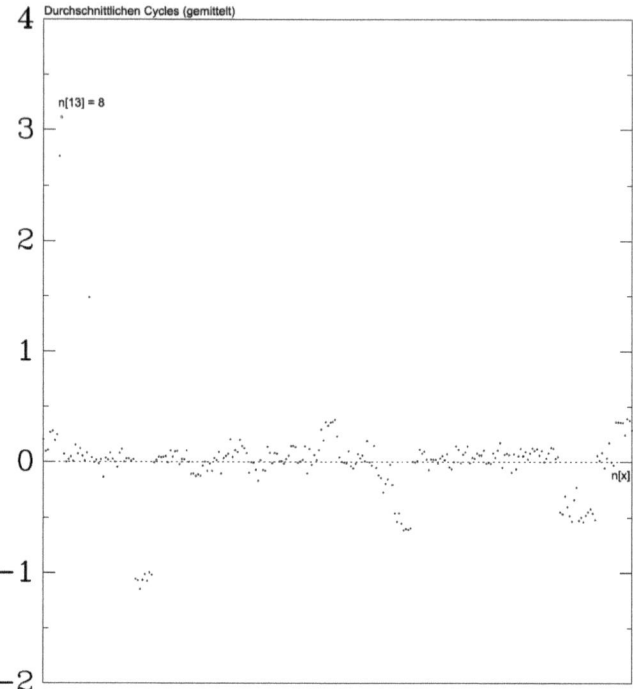

Abbildung 4.1: Das Bild enthält für alle Eingangsmöglichkeiten vom Byte n[13] (0-255) beim Schlüssel k = 0 die durchschnittlich benötigten Verarbeitungszyklen minus den Gesamtdurchschnitt aller benötigten Verarbeitungszyklen für 2^{22} 400-Byte Pakete.[2]

---

[2] Quelle: Daniel J. Bernstein (2005)

Im Folgenden sind einige Werte[3] aus dem Bild angegeben.

„Cycle counts" (Durchschnitt)

3.108 für n[13] = 8

2.763 für n[13] = 7

1.486 für n[13] = 20

0.385 für n[13] = 126

Dieses Bild kann für jeden Schlüssel k bzw. Eingabeteil n[x] aufgestellt werden.

Vermutlich sieht für jeden Schlüssel k die Zeitfunktion für n[13] xor k[13] genau wie in der Abbildung 4.1 aus. Auf Grund dessen kann folgendes gesagt werden.

Die Wahl von n[13], welches die Zeit maximiert, ist k[13] xor 8. Somit lässt sich k[13] sofort bestimmen. Später stellt sich heraus, das dies richtig ist.

Um nicht nur für das Maximum der Zeitmessungen, sondern um für alle Pattern den richtigen Schlüssel zu erhalten, muss die Korrelation zwischen den Zeiten und den Eingangswerten bestimmt werden.

Die Abbildung 4.2 zeigt, dass es nicht immer einfach ist mit einer Korrelation auf die benötigten Informationen zu kommen. Die zeitlichen Differenzen sind bei n[5] zu groß und die Korrelation untereinander zu gering als das der Schlüssel erraten werden kann. Für diesen Teilschlüssel sind mehrere Varianten auszuprobieren, wobei die Einschränkung auf den Werten liegt, welche die oberen Punktwolken liefern.

---

[3] Quelle: Daniel J. Bernstein (2005)

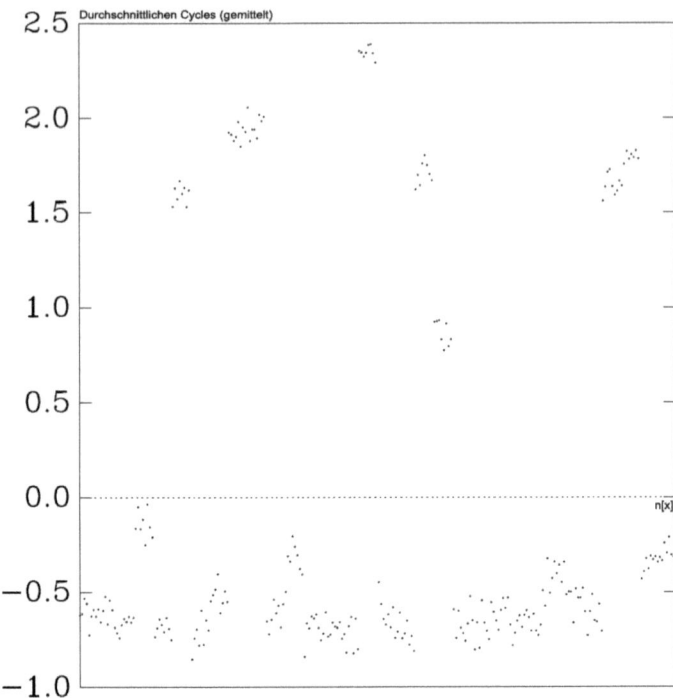

Abbildung 4.2: Das Bild enthält für alle Eingangsmöglichkeiten vom Byte n[5] (0-255) beim Schlüssel k = 0 die durchschnittlich benötigten Verarbeitungszyklen minus den Gesamtdurchschnitt aller benötigten Verarbeitungszyklen für 2^{22} 400-Byte Pakete.[4]

---
[4] Quelle: Daniel J. Bernstein (2005)

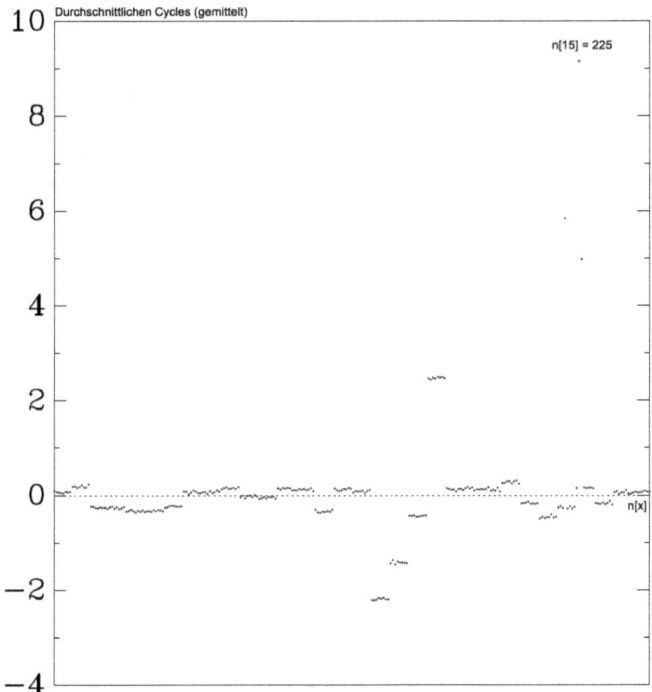

Abbildung 4.3: Das Bild enthält für alle Eingangsmöglichkeiten vom Byte n[15] (0-255) beim Schlüssel k = 0 die durchschnittlich benötigten Verarbeitungszyklen minus den Gesamtdurchschnitt aller benötigten Verarbeitungszyklen für 2^{22} 800-byte Pakete.[5]

In dem Bild 4.3 ist ein klares Maximum bei n[15] = 225 zu sehen.

Nach dem Aufstellen von mehreren Korrelationen mit den Messdaten des angegriffenen Servers bleiben folgende Schlüsselvarianten[6] übrig. (2^{25} zufälligen 800-Byte Pakete und ca. 160 Minuten)

---

[5] Quelle: Daniel J. Bernstein (2005)
[6] Quelle: Daniel J. Bernstein (2005)

Anzahl	k[i]	Varianten(Hex-Wert)
24	0	e3 e2 e5 e4 e6 d3 e0 d6 d2 e7 e1 d1 d5 d4 d7 d0 ...
16	1	72 77 76 75 71 70 74 73 99 98 9a 9e 9b 9d 9c 9f
8	2	81 87 83 86 84 85 82 80
1	3	a9
4	4	8b 8a 89 88
8	5	b4 b1 b0 b2 b5 b7 b6 b3
31	6	66 67 62 65 64 60 63 61 ed e9 ef ec e8 eb ee ea ...
8	7	a7 a0 a1 a5 a2 a6 a4 a3
8	8	b9 bb b8 ba be bf bd bc
8	9	7f 7e 7c 7d 79 78 7a 7b
8	10	d3 d6 d1 d5 d4 d2 d7 d0
8	11	3a 3f 3d 3b 39 3c 3e 38
176	12	ef ec e9 ea ed ee e8 3f 39 3b 0b 3c 0c 0f 38 ...
16	13	ec e8 ee ea eb e9 ef ed 94 96 91 95 90 97 92 93
8	14	3c 3d 3f 38 39 3e 3b 3a
1	15	35

Für k[3] und k[15] ist der geheime Schlüssel bekannt.

Nach weiteren 2^{27} zufälligen 400-Byte Paketen sind folgende Teilschlüssel[7] erkannt.

Anzahl	k[i]	Varianten(Hex-Wert)
1	4	89
1	8	bb
1	12	9e
1	1	74
1	9	7f
2	13	ec e3

Die Anzahl der verbleibenden möglichen Schlüssel ist nun so gering, dass dies durch einfaches Ausprobieren zu lösen ist.

Der Schlüssel ist: 43 74 84 a9 89 b1 62 a7 bb 7f d0 3d 9e ec 3d 35. Durch Probe mit dem angegriffenen Server verifiziert sich dies.

Daniel Bernstein hat für diesen Angriff einen 850Mhz Pentium III und FreeBSD 4.8 benutzt. Eine selbstgeschriebene OpenSSL Implementierung wurde verwendet, um das Rauschen zu reduzieren. Da aber für die Software die normalen OpenSSL Bibliotheken zum Einsatz kamen, ist der Angriff nicht nur von theoretischer Relevanz. Unzureichendes Rauschen verhindert nicht die Attacke. Lediglich die

---

[7] Quelle: Daniel J. Bernstein (2005)

Anzahl der untersuchten Pakete steigt dadurch. Eine AES Implementierung die ohne „lookups" auskommt, ist gegen diesen Angriff geschützt.

5 Weitere Beispiele von Seitenkanalangriffen auf AES

Die meisten in der folgenden Tabelle 5.1 aufgelisteten Angriffe sind „Known Plaintext Attack" und führten zu einem „Total Break" der speziellen AES Implementierung des jeweiligen Systems.

Jahr	Art	System	Ergebnis
2007	TA	Linux dm-crypt	Schlüsselextraktion
2006	HODPA[1]	sicheres masking[2] bei AES	nur Ansätze vorgestellt
2006	DPA	Masked Smart Card	kein Schutz durch Masking
2006	CTA[3]	OpenSSL 0.9.8a	Schlüsselextraktion
2005	DPA	ASIC mit masking AES	erfolgreicher Angriff
2005	CTA	theor. Überlegung bei HT[4] CPUs	Schlüsselextraktion
2005	SPA	Smart Card	Schlüsselextraktion
2005	TA	Mircocontroller	Schlüsselextraktion
2005	CTA	OpenSSL 0.9.7a	Schlüsselextraktion
2004	DPA	FPGA mit Pipelining als Masking	erfolgreicher Angriff
2003	SPA	Smart Card	Schlüsselextraktion
2003	DFA	SPN[5] Structures with AES	Schlüsselextraktion
2003	DFA	theor., math. Überlegung	Schlüsselextraktion
2003	FA&TA	Smart Card	Schlüsselextraktion

Tabelle 5.1: Beispiele von Seitenkanalangriffen auf AES

Ob AES in Verbindung mit Smart Cards ausreichenden Schutz bietet ist anzuzweifeln. Bei den anderen Systemen muss auf eine gegen Seitenkanalangriffe geschützte Implementierung geachtet werden.

---

[1] High-Order Differential Power Analysis
[2] dt. verbergen; z.b. wird eine Zufallszahl mit XOR aufaddiert
[3] Cache Timing Attacks
[4] Hyperthreading
[5] Shift Permutation Network

Es existieren noch weitere bekannte Angriffe gegen AES, wie z.B. die XSL Attacke[6], welche aber auf mathematischer bzw. statistischer Analyse beruhen und somit hier nicht vorgestellt werden.

---

[6] Extended Sparse Linearization

Literaturverzeichnis

[BSI]   Bundesamt für Sicherheit in der Informationstechnik:
http: \www. bsi. de, 2010

[DT1]   Discretix Technologies Ltd.:
White Paper: Introduktion to Side Channel Attacks, 2010

[DT2]   Discretix Technologies Ltd.:
White Paper: Known Attacks Against Smartcards, 2010

[DT3]   Discretix Technologies Ltd.:
White Paper: Security Implications of Hardware vs. Software Cryptographic, 2010

[DT4]   Discretix Technologies Ltd.:
White Paper: Strength Assessment of Encryption Algorithms, 2010

[DT+03]   Discretix Technologies Ltd., University Bordeaux 1, Gemplus Card International, Royal Holloway, University of London, Dublin City University:
Paper: The Sorcerer's Apprentice Guide to Fault Attacks, 2003

[KSWC98]   John Kelsey, Bruce Schneier, David Wagner and Chris Hall:
Paper: Side Channel Cryptanalysis of Product Ciphers, 1998

[CH07]   Clemens Hammacher: *Präsentation: Breaking a Cryptosystem using Power Analysis*, 2007

[KJJ98]   Paul Kocher, Joshua Jaffe and Benjamin Jun: *Paper: Introduction of Differential Power Analysis and Related Attacks*, 1998

[KJJ99]   Paul Kocher, Joshua Jaffe and Benjamin Jun: *Paper: Differential Power Analysis*, 1999

[PK05]   Paul Kocher: *Paper: Design and Validation Strategies for Obtaining Assurance in Countermeasures to Power Analysis and Related Attacks*, 2005

[CP05]   Colin Percival: *Paper: Cache Missing for fun and Profit*, 2005

[BM05]   Joseph Bonneau and Ilya Mironov: *Paper: Cache-Collision Timing Attacks Against AES*, 2005

[JB06]   Joseph Bonneau: *Paper: Robust Final-Round Cache-Trace Attacks Against AES*, 2006

[SLFP04]   Kai Schramm, Gregor Leander, Patrick Felke and Christof Paar: *Paper: A Collision-Attack on AES*, 2004

[AG01]   Mehdi-Laurent Akkar and Christophe Giraud: *Paper: An Implementation of DES and AES, Secure against Some Attacks*, 2001

[SOP04]   Francois-Xavier Standaert, Siddika Berna Örs and Bart Preneel: *Paper: Power Analysis of an FPGA - Implementation of Rijndael: Is Pipelining a DPA Countermeasure?*, 2004

[GMO01]   Karine Gandol, Christophe Mourtel and Francis Olivier: *Paper: Electromagnetic Analysis: Concrete Results*, 2001

[AARR02]   Dakshi Agrawal, Bruce Archambeault, Josyula R. Rao, Pankaj Rohatgi: *Paper: The EM Side-Channel(s): Attacks and Assessment Methodologies*, 2002

[BDU07]   Michael Backes, Markus Dürmuth, Dominique Unruh: *Paper: Compromising Reflections - or - How to Read LCD Monitors Around the Corner*, 2007

[PB03]   Paulo S. L. M. Barreto: *Paper: The AES block cipher in C++* $http://planeta.terra.com.br/informatica/paulobarreto/EAX++.zip$, 2003

[DB05]   Daniel J. Bernstein: *Paper: Cache-timing attacks on AES*, 2005

[DB03]   Niels Ferguson, Doug Whiting, Bruce Schneier, John Kelsey, Stefan Lucks and Tadayoshi Kohno: *Paper: Helix - Fast Encryption and Authentication in a Single Cryptographic Primitive*, 2003

[SV02]   Serge Vaudenay: *Paper: Security Flaws Induced by CBC Padding - Applications to SSL, IPSEC, WTLS...*, 2002

[MW05]   Marc Witteman: *Paper: Attacks on Digital Passports -
              Riscure*, 2005

[KSCP06]   Kai Schramm, Christoph Paar: *Paper: Higher-Order Masking
              of the AES*, 2006

[CCDP04]   Vincent Carlier, Herve Chabanne, Emmanuelle Dottax and
              Herve Pelletier: *Paper: Electromagnetic Side Channels of an
              FPGA Implementation of AES*, 2004

[SM03]   Stefan Mangard: *Paper: A Simple Power-Analysis (SPA)
              Attack on Implementations of the AES Key Expansion*, 2003

[JGCT03]   Jovan D. Golic, Christophe Tymen: *Paper: Multiplicative
              Masking and Power Analysis of AES*, 2003

[BMK04]   Johannes Bloemer, Jorge Guajardo Merchan, Volker
              Krummel: *Paper: Provably Secure Masking of AES*, 2004